This text has been designed & organised mainly for our studen

عَقِيدَةُ الرَّازِيَّيْنِ أَصْلُ السُّنَّةِ وَاعْتِقَادُ الدِّيْنِ وَأَدِلَّتُهَا

The Creed of ar-Rāziyayn & it's related evidences

المتن

عَقِيدَةُ الرَّازِيَّيْنِ

أَصْلُ السُّنَّةِ وَاعْتِقَادُ الدِّيْنِ

وَأَدِلَّتُهَا

The Creed of ar-Rāzīyayn

& it's related evidences *(the text)*

الفقير إلى الله

خادم الدين بن يونس بن عبد القادر

السريع

غفر الله له ولوالديه وللمسلمين

مشروع دار عقيدة الإسلام للنشر والتوزيع

Modular Education For Higher Madrassah Academic Development & Thinking.

The Academic *alamiyyah* Seminary Programmes & Title Certification. *Arabic Language & Theological Studies*

Page 1 - Use the blank parts of the page to make your notes.

This text has been designed & organised mainly for our students

عَقِيدَةُ الرَّازِيَّيْن أَصْلُ السُّنَّةِ وَاعْتِقَادِ الدِّيْنِ وَأَدِلَّتُهَا

The Creed of ar-Rāziyayn & it's related evidences

المتن

عَقِيْدَةُ الرَّازِيَّيْن

أَصْلُ السُّنَّةَ وَاعْتِقَادِ الدِّيْنِ

وَأَدِلَّتُهَا

The Creed of ar-Rāzīyayn

& it's related evidences (the text)

الفقير إلى الله

خادم الدين بن يونس بن عبد القادر

السريع

غفر الله له ولوالديه وللمسلمين

مشروع دار عقيدة الإسلام للنشر والتوزيع

Modular Education For Higher Madrassah Academic Development & Thinking.
The Academic *alamiyyah* Seminary Programmes & Title Certification. *Arabic Language & Theological Studies*

This text has been designed & organised mainly for our students

عَقِيدَةُ الرَّازِيَيْن أَصْلُ السُّنَّة وَاعْتِقَاد الدِّيْن وَأَدِلَّتُها

The Creed of ar-Rāziyayn & it's related evidences

المتن

عَقِيـدَةُ الرَّازِيَيْن

أَصْلُ السُّنَّة وَاعْتِقَادِ الدِّيْن

وَأَدِلَّتُها

الفقير إلى الله

خادم الدين بن يونس بن عبد القادر

السريع

غفر الله له ولوالديه وللمسلمين

مشروع دار عقيدة الإسلام للنشر والتوزيع

Page 3 - Use the blank parts of the page to make your notes.

(لح) مشروع دار عقيدة أهل السنة والجماعة ٢٠٢٠ م
المتن عَقِيْدَةُ الرَّازِيَيْنِ أَصْلُ السُّنَّةِ واعْتِقَادِ الدِّيْنِ وأَدِلَّتُهَا *The Creed of ar-Rāziyayn & it's related evidences (the text* الفقير إلى الله خادم الدين بن يونس بن عبد القادر السريع غفر الله له ولوالديه وللمسلمين مشروع دار عقيدة الإسلام للنشر والتوزيع *Modular Education For Higher Madrassah Academic Development & Thinking. The Academic alamiyyah Seminary Programmes & Title Certification. Arabic Language & Theological Studies*

السريع - خادم الدين بن يونس

٢٠٢٠

نسخة مسودة لطلاب اللغة العربية والعلم (دراسة خاصة فقط) اللغة العربية والترجمة. إذا وجدت أي نوع من الأخطاء في هذا الكتاب أبلغنا من فضلك

سلسلة (علم أصول الدين)

This copy has been designed mainly for our Private Education students. The aim is to help them develop in their analysis and understanding. This copy has been designed for study, analysis, academic research and correction. When you find any printing or scientific errors within this book please contact your centre or the author.

عَقِيدَةُ الرَّازِيَيْنِ أَصْلُ السُّنَّةِ وَاعْتِقَادِ الدِّينِ وَأَدِلَّتُهَا

The Creed of ar-Rāziyayn & it's related evidences

بسم الله الرحمن الرحيم

إنما الأعمال بالنيات

كتب أخرى قريبا إن شاء الله:

○ الشريعة والأركان شرح الفقه الأكبر لأبي حنيفة النعمان.

○ الريان شرح لأحكام الصيام بأدلة القرآن وسنة رسول الرحمن ﷺ.

○ الشرح المختصر العلمي (شرح) مختصر القدوري كتاب الصوم.

○ مختصر صحيح البخاري (المتن) المجلد الأول (الأحاديث القصيرة).

○ شرح مختصر البخاري (المجلد الأول) الأحاديث القصيرة.

○ شجرة النحو دروس ودراسة اللغة العربية.

○ الفكر والتوضيح علم مصطلح الحديث.

○ الأحاديث النبوية باللغة العربية والإنجليزية.

○ الغربية عقيدة أهل السنة والجماعة.

○ فهم القواعد (نسخ كثيرة).

○ كتابة اللغة العربية (الحروف).

○ شرح العقيدة الطحاوية المجلد ١ باللغة الإنجليزية.

○ برنامج اللغة العربية (الكلمات) ١.

○ كتاب للحفظ.

○ دعوة الأنبياء باللغة الإنجليزية.

○ رسائل لطلاب الجامعة باللغة الإنجليزية.

○ النعمة شرح عقيدة الأمة.

○ وغيرها قريبا إن شاء الله.

———————— (الشريعة والأركان) ————————

المتن

عَقِيدَةُ الرَّازِيِّيْن

أَصْلُ السُّنَّةَ وَاعْتِقَادِ الدِّيْن

وَأَدِلَّتُها

The Creed of ar-Rāziyayn
& it's related evidences *(the text)*

الفقير إلى الله

خادم الدين بن يونس بن عبد القادر

السريع

غفر الله له ولوالديه وللمسلمين

مشروع دار عقيدة الإسلام للنشر والتوزيع

Modular Education For Higher Madrassah Academic Development & Thinking.
The Academic *alamiyyah* Seminary Programmes & Title Certification. *Arabic Language & Theological Studies*

—(مقدمة:)—

بسم الله الرحمن الرحيم

الحمد **لله** الذي أرسل الرسل وأنزل الكتب وجعلنا من أمة محمد ﷺ

وهي خير الأمم وأشكره وأسأله للمغفرة وأشهد ألا إله إلا **الله** وحده لا شريك

له وأشهد أن محمدا عبده ورسوله وخاتم الأنبياء وسيد المرسلين والصلاة

والسلام على رسولنا محمد وعلى آله وأصحابه أجمعين أما بعد:

أسأل **الله** الكريم رب العرش العظيم أن ينفع العالم والمسلمين كلهم بهذا

العمل الصغير وأن يكتب لنا حسن الخاتمة وأن يطهر قلوبنا من النفاق وأن

يكتب لهذا الكتاب (عقيدة الرازيين أصل السنة واعتقاد الدين وأدلتها) القبول

في الأرض وأن يغفر لنا

و لإخواننا وأبنائنا وزوجاتنا ووالدينا وأن يدخلنا الجنة بغير حساب ولا عذاب.

وصلى الله على نبينا محمد وعلى آله وأصحابه أجمعين.

الفقير إلى الله

خادم الدين بن يونس بن عبد القادر

السريع

———— (٭٭٭) ————

المتن

عَقِيدَةُ الرَّازِيَّيْنِ

أَصْلُ السُّنَّةَ وَاعْتِقَادِ الدِّيْنِ

وَأَدِلَّتُها

The Creed of ar-Rāzīyayn

&it's related evidences *(the text)*

الفقير إلى الله

خادم الدين بن يونس بن عبد القادر

السريع

غفر الله له ولوالديه وللمسلمين

مشروع دار عقيدة الإسلام للنشر والتوزيع

Modular Education For Higher Madrassah Academic Development & Thinking.
The Academic *alamiyyah* Seminary Programmes & Title Certification. *Arabic Language & Theological Studies*

Page 11 - Use the blank parts of the page to make your notes.

عَقِيدَةُ الرَّازِيَيْنِ أَصْلُ السُّنَّةِ وَاعْتِقَادِ الدِّينِ وَأَدِلَّتُهَا

The Creed of ar-Rāziyayn & it's related evidences

بسم الله الرحمن الرحيم

عقيدة الرازيين أصل السنة واعتقاد الدين

The ʿaqīdah of ar-Rāzīyayn, The Foundation of *as-sunnah* and the Creed of the Religion

قال أبو محمد عبد الرحمن بن أبي حاتم

1. Abū `Abdir Raḥmān bin Abī Ḥātim said:

سألت أبي وأبا زرعة رضي الله عنهما عن مذاهب أهل السنة في أصول الدين

2. I asked my father and (I also asked) Abū Zur`ah - may **Allāh** be pleased with them both
3. regarding the *mathāhib* of the the People of the Prophet's Way
4. in relation to *usūl ad-dīn*

وما أدركا عليه العلماء في جميع الأمصار وما يعتقدان من ذلك فقالا

5. and what *adrakā* (they both came to know, learned, took and found) the scholars (of Islām) upon
6. in all of the *amṣār* and what they both believed in regards to that (or from that) so both of them said:

أدركنا العلماء في جميع الأمصار حجازا وعراقا ومصرا وشاما ويمنا فكان من مذاهبهم

7. We *adraknā* (both came to know, learned, took and found) the scholars (of Islām) in all of the cities:
8. in the *hijāz*, in Iraq, in Egypt, in the Levant and Yemen. From their *madhāhib* was:

الإيمان قول و عمل[1] يزيد[2] وينقص

9. *al-iman* (Faith) is statement, action, it increases and decreases.

---

[1] وَلَمَّا يَدْخُلِ الإِيمَانُ فِي قُلُوبِكُمْ [الحجرات: ٨]. وَلَكِنَّ اللَّهَ حَبَّبَ إِلَيْكُمُ الإِيمَانَ وَزَيَّنَهُ فِي قُلُوبِكُمْ [الحشر: ٨]. أُوْلَئِكَ كَتَبَ فِي قُلُوبِهِمُ الإِيمَانَ [المجادلة: ٢٢]. إِلاَّ مَنْ أُكْرِهَ وَقَلْبُهُ مُطْمَئِنٌّ بِالإِيمَانِ [النحل: ١٠٦]. (إِذَا جَاءَكَ الْمُنَافِقُونَ قَالُوا نَشْهَدُ إِنَّكَ لَرَسُولُ اللَّهِ وَاللَّهُ يَعْلَمُ إِنَّكَ لَرَسُولُهُ وَاللَّهُ يَشْهَدُ إِنَّ الْمُنَافِقِينَ لَكَاذِبُونَ) [المنافقون: ١]. وَمَا كَانَ اللَّهُ لِيُضِيعَ إِيمَانَكُمْ [البقرة: ١٤٣].

[2] إِنَّمَا الْمُؤْمِنُونَ الَّذِينَ إِذَا ذُكِرَ اللَّهُ وَجِلَتْ قُلُوبُهُمْ وَإِذَا تُلِيَتْ عَلَيْهِمْ آيَاتُهُ زَادَتْهُمْ إِيمَانًا وَعَلَى رَبِّهِمْ يَتَوَكَّلُونَ [الأنفال: ٢].

Page 15 - Use the blank parts of the page to make your notes.

والقرآن كلام الله مُنَزَّلٌ غير مخلوق بجميع [3] جهاته

10. The Qur`ān is the Speech of **Allāh**, that has been sent down, is not created in all its aspects.

والقدر خيره وشره من الله [4] عز وجل

11. The *qadr* the good of it and the bad of it is from **Allāh** *azza wa jal*.

---

[3] وَرُسُلًا قَدْ قَصَصْنَاهُمْ عَلَيْكَ مِن قَبْلُ وَرُسُلًا لَّمْ نَقْصُصْهُمْ عَلَيْكَ ۚ وَكَلَّمَ اللَّهُ مُوسَىٰ تَكْلِيمًا [النساء ١٦٤].

[4] إِنَّا كُلَّ شَيْءٍ خَلَقْنَاهُ بِقَدَرٍ [القمر: ٤٩] وَكَانَ أَمْرُ اللَّهِ قَدَرًا مَّقْدُورًا" [القمر: ٣٨].

Page 16 - Use the blank parts of the page to make your notes.

وخير هذه الأمة بعد نبيها عليه الصلاة والسلام أبو بكر الصديق ثم عمر بن الخطاب ثم عثمان بن عفان ثم علي بن أبي طالب [5] - رضي الله عنهم

12. The best of this nation after it's Prophet, upon him be peace: is Abū Bakr aṣ-Ṣiddīq,
13. then `Umar bin al-Khaṭṭāb, then
14. `Uthmān bin `Affān,

---

[5] عشَرةٌ في الجنَّةِ : أبو بكرٍ في الجنَّةِ وعُمَرُ في الجنَّةِ وعُثمانُ في الجنَّةِ وعليٌّ في الجنَّةِ والزُّبيرُ في الجنَّةِ وطَلحةُ في الجنَّةِ وابنُ عوفٍ في الجنَّةِ وسعدٌ في الجنَّةِ وسعيدُ بنُ زيدٍ في الجنَّةِ وأبو عُبَيدةَ بنُ الجرَّاحِ في الجنَّةِ | صحيح ابن حبان - الشيخ العلامة شعيب الأرنؤوط رحمه الله |.

Page 17 - Use the blank parts of the page to make your notes.

15. then `Alī bin Abī Ṭālib may **Allāh** be pleased with them

وهم الخلفاء الراشدون [6] المهديون

16. and they are the Rightly Guided Caliphs.

[6] أوصيكم بتقوى اللهِ، والسمعِ والطاعةِ وإن عبدٌ حبشيٌّ فإنه من يعشْ منكم يرَ اختلافًا كثيرًا، وإياكم ومحدثاتِ الأمورِ، فإنها ضلالةٌ فمن أدرك ذلك منكم فعليه بسنَّتي وسنةِ الخلفاءِ الراشدِين المهديِّين عَضوا عليها بالنواجذِ

| الترمذي - حسن صحيح |.

Page 18 - Use the blank parts of the page to make your notes.

وأن العشرة الذين سماهم رسول الله صلى الله عليه وسلم و شهد لهم بالجنة على ما شهد به رسول الله صلى الله عليه وسلم و قوله الحق[7]

17. And that the ten who are the ones that the Messenger of **Allāh** (may **Allāh's** peace and blessings be upon him) named (individually) and he bore witness that they will enter Paradise (they are the ten who were given glad tidings) are just as the Messenger of **Allāh** bore witness to,

18. and his statement is the Truth (he does not speak from his own desire).

[7] وَمَا يَنطِقُ عَنِ الْهَوَىٰ (النجم ٣).

والترحم على جميع أصحاب محمد - صلى الله عليه وسلم - والكف عما شجر بينهم. وأن الله - عز وجل - على عرشه بائن من خلقه كما وصف نفسه في كتابه وعلى لسان رسوله - صلى الله عليه وسلم بلا كيف.

19. And to ask **Allāh** to have mercy upon all of the Companions of Muāammad (may **Allāh's** peace and blessings be upon him),
20. to refrain (and abstain) from what occurred between them
21. and that **Allāh** - the Mighty and Majestic - is above His Throne
22. separate from His creation
23. as He has described Himself in His Book
24. and upon the tongue of His Messenger (may **Allāh's** peace and blessings be upon him)
25. without saying how.

أحاط بكل شيء علما ليس كمثله شيء وهو السميع البصير

26.   He encompassed everything with Knowledge:

27.   **There is nothing like Him (at all) and He is the All-Hearing the All-Seeing.**

والله تبارك وتعالى يُرى في الآخرة ويراه أهل الجنة بأبصارهم

28.   And **Allāh** - the Exalted and Most High - will be seen in the *al-ākhirah.*

29.   The People of Paradise will see Him with their eyes.

ويسمعون كلامه كيف شاء وكما شاء

30. and they will hear His Speech how He wills and just as He wills.

والجنة حق والنار حق وهما مخلوقتان لا تفنيان أبدا

31. The Paradise is true, the Fire is true and they are both created never ceasing to exist.

والجنة ثواب لأوليائه والنار عقاب لأهل معصيته إلا من رحم الله عز وجل. والصراط حق والميزان الذي له كفتان توزن فيه أعمال العباد حسنها وسيئها حق

32. The Paradise is a *thawāb*

33. for His *awliyā'*

34. and the Fire is a punishment

35. for the people who sinned & disobeyed Him

36. except for who **Allāh** has Mercy upon - the Mighty and Majestic.

37. *aṣ-ṣirat* is true (and a reality).

38. The *mizān,* which has two pans upon which the deeds of the slaves will be weighed - the good of them and the bad of them -, is true.

والحوض المكرم به نبينا صلى الله عليه وسلم حق

39. The *al-hawd,* which our Prophet (may **Allāh's** peace and blessings be upon him) has been honoured with is, true.

والشفاعة حق وأن ناسا من أهل التوحيد يخرجون من النار بالشفاعة حق

40. The (legislated & permitted) Intercession is true
41. and that there are people from the People of Monotheism who will exit from the Fire with intercession which is true.

وعذاب القبر حق

42. The torment of the grave is true

ومنكر ونكير حق

43. and *munkar* and *nakir* are both true.

والكرام الكاتبون [8] حق

44. *al-kirām* (honourable and noble angels) *al-kātibūn* (writing down, recording and writers) are true.

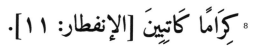

---

[8] كِرَامًا كَاتِبِينَ [الإنفطار: ١١].

Page 25 - Use the blank parts of the page to make your notes.

والبعث من بعد الموت [9] حق

45. The Resurrection after death is true.

وأهل الكبائر في مشيئة الله عز وجل

[9] يَا أَيُّهَا النَّاسُ إِن كُنتُمْ فِي رَيْبٍ مِّنَ الْبَعْثِ فَإِنَّا خَلَقْنَاكُم مِّن تُرَابٍ ثُمَّ مِن نُّطْفَةٍ ثُمَّ مِنْ عَلَقَةٍ ثُمَّ مِن مُّضْغَةٍ مُّخَلَّقَةٍ وَغَيْرِ مُخَلَّقَةٍ لِّنُبَيِّنَ لَكُمْ ۚ [الحج: ٥]. وَقَالَ الَّذِينَ أُوتُوا الْعِلْمَ وَالْإِيمَانَ لَقَدْ لَبِثْتُمْ فِي كِتَابِ اللَّهِ إِلَىٰ يَوْمِ الْبَعْثِ ۖ فَهَٰذَا يَوْمُ الْبَعْثِ وَلَٰكِنَّكُمْ كُنتُمْ لَا تَعْلَمُونَ [الروم: ٥٦].

Page 26 - Use the blank parts of the page to make your notes.

46. The people of major sins are under the will of **Allāh** the Mighty and Majestic.

ولا نكفر أهل القبلة ¹⁰ بذنوبهم ونكل سرائرهم إلى الله ¹¹ ــ عز وجل

47. We do not do *takfīr* of the people of the *qiblah* due to their sins and we leave their secrets to **Allāh** - the Mighty and Majestic.

ونقيم فرض الجهاد والحج مع أئمة المسلمين في كل دهر وزمان

---

10 إِنَّ اللَّهَ لَا يَغْفِرُ أَن يُشْرَكَ بِهِ وَيَغْفِرُ مَا دُونَ ذَٰلِكَ لِمَن يَشَاءُ وَمَن يُشْرِكْ بِاللَّهِ فَقَدِ افْتَرَىٰ إِثْمًا عَظِيمًا [النساء ٤٨].

11 أَلَمْ يَعْلَمُوا أَنَّ اللَّهَ يَعْلَمُ سِرَّهُمْ وَنَجْوَاهُمْ وَأَنَّ اللَّهَ عَلَّامُ الْغُيُوبِ - [النساء ٧٨].

48. We establish *fard al-jihād*

49. and *al-hajj*

50. with the (legitimate) rulers of the Muslims (according to the *shari`ah*)

51. in every age and all the time.

ولا نرى الخروج على الأئمة ولا القتال في الفتنة ونسمع ونطيع لمن ولاه الله عز وجل أمرنا ولا ننزع يدا من طاعة

52. We do not see rebelling against the (legitimate) rulers (according to Islamic Jurisprudence & Theory),

53. neither fighting in the time of *fiṭna.*

54. We hear, obey the individual who **Allāh** - the Mighty & Majestic - has placed in the position of responsibility over our affair

Page 28 - Use the blank parts of the page to make your notes.

55. and we do not remove the hand from obedience (obeying as long as it is not disobedience to **Allāh**).

ونتبع السنة والجماعة ونجتنب الشذوذ والخلاف والفرقة

56. We follow the Prophet's Way
57. and the United Body of Muslim,
58. avoiding *shudhūdh* (in all forms),
59. *khilāf,*
60. *furqah*

وأن الجهاد ماض منذ بعث الله - عز وجل - نبيه - صلى الله عليه وسلم - إلى قيام الساعة مع أولي الأمر من أئمة المسلمين لا يبطله شيء

61. and that (legal & legislated) *jihād* is consistent, since **Allāh** - the Mighty and Majestic - sent His Prophet - may **Allāh's** peace and blessings be upon him - until the establishment of the Hour with, with *ulī al-amr* from amongst the leaders of the Muslims. Nothing will quash it.

والحج كذلك ودفع الصدقات من السوائم إلى أولي الأمر من أئمة المسلمين

62. *al-hajj* is like that and the paying out of charity from grazing livestock cattle to *ulī al-amr* from the leaders of the Muslims.

والناس مؤمنون في أحكامهم و مواريثهم ولا ندري ما هم عند الله -

عز و جل

63.   The people are *mu'minūn* in their rulings and their inheritance. We do not know what they are with **Allāh** - the Mighty and Majestic.

فمن قال: إنه مؤمن حقا فهو مبتدع

64.   So whoever said surely he is a true believer then he is a *mubtadi'*.

و من قال: إنه مؤمن عند الله فهو من الكاذبين

65. Whoever said that he is a Believer with **Allāh** then he is from the liars.

ومن قال: إني مؤمن بالله حقا فهو مصيب

66. Whoever said: I am surely a Believer in **Allāh** *haqqan* then he is correct

والمرجئة مبتدعة ضُلَّالٌ

67. The *murji'ah* are innovators *ḍullāl*.

والقدرية مبتدعة ضُلَّال

68. The *qadariyyah* are innovators *ḍullāl*.

و من أنكر منهم أن الله - عز و جل - يعلم مالم يكون قبل أن يكون فهو كافر

69. Whoever from them denies that **Allāh** - the Mighty and Majestic - knows whatever will occur before it exists then he is a disbeliever.

وأن الجهمية كفار

70. The *jahmiyyah* (faction) are disbelievers.

Page 33 - Use the blank parts of the page to make your notes.

وأن الرافضة رفضوا الإسلام

71. The *rāfiḍah* have refused *Islām*.

والخوارج مُرَّاقٌ

72. The *khawārij* are *murrāq*.

ومن زعم أن القرآن مخلوق فهو كافر بالله العظيم كفرا ينقُلُ عن الملة

73. Whoever claimed that the Qur`ān is a created thing then he is a disbeliever in **Allāh** the Great - disbelief that takes a person out of the Religion.

ومن شك في كفره ممن يفهم ولا يجهل فهو كافر

74. Whoever doubts his disbelief being a person who understands and is not ignorant then he is a disbeliever.

ومن شك في كلام الله - عز وجل - فوقف فيه شاكا يقول: لا أدري مخلوق أو غير مخلوق فهو جهمي

75. Whoever doubts the Speech of **Allāh** - the Mighty and Majestic - halting regarding it doubting saying: I do not know whether it is created or not created then he is a *jahmī.*

ومن وقف في القرآن جاهلا عُلِّم وبُدِّع ولم يُكَفَّر

76. Whoever halts regarding the *Qur`ān* ignorantly, he is to be taught and *buddi`a* but no *takfir* is to be made.

ومن قال: لفظي بالقرآن مخلوق فهو جهمي أو قال: القرآن بلفظي مخلوق فهو جهمي

77. Whoever says: my *lafẓ* of the *Qur`an* is created, he is a *jahmī* or he says the *Qur`an* with my *lafẓ* is created then he is a *jahmī.*

قال أبو محمد: وسمعت أبي يقول: وعلامة أهل البدع الوقيعة في أهل الأثر

78. Abū Muḥammad said: I heard my father saying: the sign of the people of innovations is speaking ill of the People of *al-athar.*

وعلامة الزنادقة تسميتهم أهلَ السنة حَشَوِيَّةً يريدون إبطال الآثار

79. The sign of *az-zanādiq* is their labelling the People of the Prophet's Way *hashawiyyah,* wanting the abolishment of *al-āthar.*

وعلامة الجهمية تسميتهم أهل السنة مشبهة

80. The sign of *al-jahmiyyah* is their labelling the People of the Prophet's Way *mushabbihah.*

وعلامة القدرية تسميتهم أهل السنة مجبِرةً

81. The sign of *al-qadariyyah* is their labelling the People of the Prophet's Way *mujbirah.*

وعلامة المرجئة تسميتهم أهل السنة مخالفةً ونُقصَانيةً

82. The sign of *al-murji'ah* is their labelling the People of the Prophet's Way *mukhālifatan* and *nuqṣāniyyatan.*

وعلامة الرافضة تسميتهم أهلَ السنة ناصبةً

83. The sign of *ar-rāfiḍah* is their labelling the People of the Prophet's Way as *naṣibatan.*

ولا يَلحق أهلَ السنة إلا اسمٌ واحدٌ و يستحيل أن تجمعهم هذه الأسماء

84. Nothing can be attached to the People of the Prophet's Way except one name. It is impossible that these names will unify.

Page 39 - Use the blank parts of the page to make your notes.

قال أبو محمد: وسمعت أبي وأبا زرعة يأمران بهجران أهل الزيغ والبدَع ويُغلّظان في ذلك أشد التغليظ

85. Abū Muḥammad said: I heard my father and Abū Zur`ah both ordering with the boycotting of the people of deviation and innovations. They both were harsh in that, the severest of sterness.

وينكران وضعَ الكتب برأي في غير آثار

86. They both condemn arranging books with *ra'y* without *āthar.*

وينهيان عن مجالسة أهل الكلام وعن النظر في كتب المتكلمين. ويقولان: لا يفلح صاحب كلام أبدا

87. They both forbid accompanying the people of *kalām*, (forbidding also) viewing into the books of *al-mutakallimīn* and they both say: a companion of *kalām* will not succeed.

قال أبو محمد: وبه أقول أنا

88. Abū Muḥammad said: and I myself say that (also).

***

عَقِيدَةُ الرَّازِيَيْنِ أَصْلُ السُّنَّةِ وَاعْتِقَادُ الدِّيْنِ وَأَدِلَّتُهَا

The Creed of ar-Rāziyayn & it's related evidences

المتن

عَقِيدَةُ الرَّازِيَّيْنِ

أَصْلُ السُّنَّةِ وَاعْتِقَادِ الدِّيْنِ

وَأَدِلَّتُهَا

The Creed of ar-Rāzīyayn

& it's related evidences *(the text)*

الفقير إلى الله

خادم الدين بن يونس بن عبد القادر

السريع

غفر الله له ولوالديه وللمسلمين

مشروع دار عقيدة الإسلام للنشر والتوزيع

Modular Education For Higher Madrassah Academic Development & Thinking.

The Academic *alamiyyah* Seminary Programmes & Title Certification. *Arabic Language & Theological Studies*

عَقِيدَةُ الرَّازِيَيْنِ أَصْلُ السُّنَّةِ وَاعْتِقَادِ الدِّيْنِ وَأَدِلَّتِهَا
The Creed of ar-Rāziyayn & it's related evidences

المتن

عَقِيدَةُ الرَّازِيَيْنِ

أَصْلُ السُّنَّةِ وَاعْتِقَادِ الدِّيْنِ

وَأَدِلَّتِهَا

The Creed of ar-Rāzīyayn

& it's related evidences *(the text)*

الفقير إلى الله

خادم الدين بن يونس بن عبد القادر السريع

غفر الله له ولوالديه وللمسلمين

مشروع دار عقيدة الإسلام للنشر والتوزيع
Modular Education For Higher Madrassah Academic Development & Thinking.
The Academic *alamiyyah* Seminary Programmes & Title Certification. *Arabic Language & Theological Studies*

عَقِيدَةُ الرَّازِيَّيْنِ أَصْلُ السُّنَّةِ وَاعْتِقَادُ الدِّيْنِ وَأَدِلَّتُهَا

المتن

عَقِيدَةُ الرَّازِيَّيْنِ

أَصْلُ السُّنَّةِ وَاعْتِقَادُ الدِّيْنِ

وَأَدِلَّتُهَا

Life is short and we do not have much time. O Allah please make this work sincerely for you. Let this be a means for us to enter Paradise without any punishment.

الفقير إلى الله

خادم الدين بن يونس بن عبد القادر

السريع

غفر الله له ولوالديه وللمسلمين

مشروع دار عقيدة الإسلام للنشر والتوزيع

Printed in Poland
by Amazon Fulfillment
Poland Sp. z o.o., Wrocław